LISA DI GIOVANNI

LA LIBELLULA
raccolta di poesie

Youcanprint *Self-Publishing*

Lisa Di Giovanni
LA LIBELLULA
raccolta di poesie
ISBN: 978-88-91167-03-3
Prima Edizione: Dicembre 2014

Progetto grafico e impaginazione:
Immagine in copertina: Fulvio Zeppetella
Ritratto a matita dell'autrice: Georgiana
Presentazione: Sal da Riga

Dedicato

a Riccardo e Linda, affettuosi genitori

a Umberto, compagno di vita

a Giorgia, Riccardo e Annachiara, adorati nipoti

a Genny e Alice, sorelle

a Fano a Corno, amata terra d'Abruzzo

alla memoria del caro Giuseppe Lupia

e a tutti quelli che mi sono stati vicini

e sono alla continua ricerca delle chiavi d'accesso all'anima

PRESENTAZIONE

Le poesie di Lisa Di Giovanni, mi sono giunte con un richiamo cui non è possibile non dare ascolto e rispondere con quella consonanza di sentimenti che lega tutti gli "amanti" della poesia. La mia risposta è dettata anzitutto da questo moto d'animo affine ed eccomi a parlare di lei, dei suoi testi e presentarli ai lettori, senza alcuna pretesa da saggio critico, condividendo, in effetti, appieno quella corrente di poeti che rivendicano il diritto di non scrivere sulla poesia.

Lisa è una donna felicemente sposata. Il matrimonio, insieme al trasferimento nella città di Roma, dal natio Abruzzo, sembrano essere per lei motivi di grande cambiamento interiore. Accostabile a quel genere di scrittori collocabili nella "generazione X", con il suo stile compositivo a contrasto tipico della poesia diffusa nel contemporaneo e per la sua tutta particolare capacità comunicativa.

Perseverante e orientata al successo, si cimenta in numerosi campi artistici e non, come la pittura, il teatro, la psicologia, e attraverso l'uso degli strumenti caratteristici di questi ambiti si esprime, e canalizza la sua esperienza nella forma lirico-elegiaca, in cui si sente più protesa a creare, alla ricerca della sua vera personalità.

Dalla lettura delle sue poesie, il tema centrale che si presenta con più forza sia nella struttura che nei contenuti è il conflitto, volto alla ricerca di un'identità e all'espressione del costrutto dell'anima. L'unico modo per conoscere la sua vera identità sembra quello di riconoscere e mettere da parte le innumerevoli maschere cui fa spesso riferimento nelle sue poesie (*... **dietro una maschera ce n'è un'altra** ...*).

Maschere indefinite, costantemente presenti, prosceni e quinte a tinte forti (*... **solo drappi rossi e neri** ...*); l'anima seppur non venga palesemente descritta nelle sue caratteristiche (*... **mortale ... eterna** ...*), è la sua interlocutrice prediletta, ad essa l'autrice fa frequentemente richieste, ponendo numerose domande, quesiti irrisolti: è l'eterna lotta tra l'io e l'es (*... **Anima tu non sei, tu non hai, tu non dai ...!**), così come il senso degli altri trapassa espresso continuamente dall'io al noi e viceversa.

Nelle sue poesie volte ad affascinare il lettore, dall'effetto ricercato ma senza il rischio di cadere nello stereotipo - proprio perché sono creazioni d'impeto, in cui l'irrazionale e l'impulsività sono allo stato puro, e il pathos si discosta sovente dal reale - dal sogno, a volte, ad occhi aperti, emergono atteggiamenti estremi, negazioni, rinunce, disillusioni e capitolazioni (*... **i miei occhi si riflettono nel fuoco desiderosi di scomparire tra le fiamme** ...*).

Lisa predilige i toni passionali (*... **esplodono le mura della mia fortezza** ...*) che esprimono i suoi pensieri più intimi, anche quelli più pessimistici, insieme alle sue riflessioni di forte istintività, le quali non rifuggono, tra l'altro, da generalizzazioni cosmiche con il loro interrogarsi su tematiche universali: le situazioni della vita, la magia dell'amore e l'ineluttabilità del morire, il senso dell'esistenza (*... **Restano solo esitazioni e forse la voglia di tornare indietro** ...*)

Esse emergono con voce poetica e traluce, finalmente ed in equilibrio (*... **i miei guardiani dormono, la mia fortezza danza, un punto di mezzo è raggiunto** ...*), con la nostalgia dei suoi luoghi, con il suo vissuto quotidiano, con la concretezza della sua individualità, anche la speranza attraverso il compiersi di una metamorfosi (*... **lascio andare il passato così potrò indossare ali di farfalla e volare** ...*).

Trasformazione illusoria o cambiamento dopo l'emotività passionale della gioventù?

Una donna più matura (*... **come una libellula sicura sorvola il letto ghiacciato del fiume che porta al tuo cuore** ...*), proprio come una libellula, ha messo da parte il suo involucro protettivo ed ha acquisito consapevolezza della libertà.

L'augurio è di una diffusione anche in più lingue di questa raccolta di poesie nel "world wide web", nelle librerie e perché no, finanche nei nuovi ambienti letterari del presente. La traducibilità delle poesie è cosa molto difficile ma è allo stesso tempo può rendere migliore l'interpretazione critica per la comprensione del significato dei versi.

Ad Maiora all'autrice! E buona lettura a tutti.

Sal da Riga

Foglio bianco

Su un foglio bianco vorrei veder riflessa l'immagine della mia anima
così da colorarlo di un nero intenso come un cielo senza astri
e di un rosso scarlatto come la linfa che scorre nel nostro corpo.

La mia anima agitata
la mia anima sofferente
la mia anima innamorata crudelmente
la mia anima che si nasconde

si nasconde al mondo
si nasconde ai simili
si nasconde a me stessa.

Anima tu non sei, tu non hai, tu non dai…!
Sei solo una parte del mio essere
inutile mezzo per turbarti
farti gioire, farti vivere, farti morire.

Anima prova a comparire su un foglio bianco
voglio mirarti.

Ascoltare

Ascolto la notte
distesa nel mio letto.

Sento i battiti irruenti dell'unico mio maestro e guida
il cuore.

Improvvise si espandono emozioni dentro di me
nella mia fortezza delle inibizioni.

Sento il mio corpo interiore
sono viva!

La mia anima
sento nel cuore.

La notte complice
fa sì che si risvegli ogni più rara sensazione.

Splendide vibrazioni
liberano la mente da ogni paura.

Percepisco l'imponenza della vita e
la fortuna di esserne protagonista.

Misteri

Versi non scritti
colori non svelati
muore un pensiero.

Immortalare l'istante
dare tutto
per la propria esistenza.

Inspiegabili coincidenze
forse c'è già un disegno
trascendere nel cosmo dell'inconscio.

Sensazioni abitano dentro intime unicità
è il buio
è la stasi.

Quanti pensieri non riusciranno a prender forma in questa notte
insonne.

Ali

Mi addormento
volo nei meandri dell'ignoto
dove domande invocano
disperatamente risposte negate.

Affondo nel sonno
l'affanno continua
volo sempre più in alto
alla ricerca dell'antimateria.

Plano nei circuiti imprecisati
di un cuore nel quale non scorre sangue,
bensì, emozioni incontrollate,
sfido la gravità.

Mi risveglio e
spicco un volo pindarico, senza ali,
di giorno, di notte, col solleone o la tempesta,
con la mia mente, ad occhi chiusi.

La prima

Adesso immagina ogni attimo
come se ciascuno rappresenti la prima delle emozioni
abbraccia ritagli di foto
non disperdere alcun brivido
amplifica con tutti i sensi all'unisono
e abbandonati
lascia ai destini l'intreccio
vivendo senza chiudere mai gli occhi
se vuoi scolpire nella tua anima
ogni attimo qui adesso.

Attimo

Un attimo può essere gioire
un attimo può essere soffrire
è solo un attimo.

Un attimo si presenta improvviso
dura poco, poco alla vista, poco all'udito, poco al tatto,
è fuggente l'attimo.

Al cuore no
all'anima no
l'attimo non sfugge mai.

Affonda le radici
quelle profonde, dure, intricate
che soffocano.

Doloroso, ingannatore
struggente che sia
è un attimo.

Quello felice vorresti fosse infinito
quello crudele
lo faresti scomparire subito.

Esistere è un attimo
comunque esso sia
cogli l'attimo.

Le chiavi

Ho un mazzo di chiavi e
una sola serratura

provo ad aprire un uscio
non ci riesco

mi faccio avanti
poi indietreggio

non apro mai quella porta
forse essa stessa non vuole lasciarmi entrare

non è questo il tempo
le stagioni si alternano

non è questo il luogo
io resto a mirarla

i miei occhi si riflettono nel fuoco
desiderosi di scomparirne tra le fiamme

luci su un palcoscenico buio
si accendono i riflettori della sembianza.

Il teatro della vita

Palcoscenico povero
solo drappi rossi e neri
unica protagonista la vita
Io: anima che danza nel mio teatro.

È particolarmente difficile toglier via il trucco
e sciogliere i capelli del mio spirito
in questa serata piovosa.

Ogni goccia d'acqua oggi
è passata per il mio cuore
scivolando sul teatro della vita.

Teatro rivestito d'illusioni
marionette come meteore terrene
in un'apoteosi bruciata da conflitti inesistenti.

Maschera

Destarsi al mattino
sortire verso il mondo
con l'indole indotta a coprire il proprio volto
con una maschera
un dì benevola
un dì ipocrita
un dì malvagia.
Non ci sono maschere per tutti i giorni.
Il mio volto sarà il mio?
Convivere è assai difficile
dietro una maschera c'è n'è un'altra.

Barattoli

Profumo di una strada
rimembranze di un cucciolo.

Stagioni bruciate
da realtà dominatrici.

Gorghi di pensieri sfollano
finché esplode il mio maestro.

La mia vita si estende all'orizzonte dell'infinito,
esisto nell'inconsapevole ricerca delle nature.

Maschere si sovrappongono in superficie,
nella mia dimensione voglio aria.

Nei barattoli le parole riposano
mentre passeggio.

Pensieri di carta

Arrotolo pensieri di carta
schegge di un cosmo metropolitano
forse sconosciuto.
Esplodono le mura della mia fortezza.
Ignoto è il fascino
che nell'umano
si fa voragine.

Metropoli

Divisa da emozioni
carezzandomi l'addome
zittisco.

Solo un anelito
poi un fugace sguardo e
tutto mi sembra così indifeso.

Eppure stavolta ascolto e
con più premura
voci, suoni, essenze si affollano.

Tutto si aggroviglia
nella mia scatola grigia
tanto da non saper più cosa inseguire.

Il varco della mia solitudine
è l'immenso di questo antico e futuro
intervallato dalla routine frenetica di giorni meccanici e scontati.

La prigione del mondo

Nella cella di un'irreale e segreta isola-roccaforte
è rinchiuso il mondo, folle ed assordato.

Non c'è barlume
non c'è sospiro
non c'è ruscello
non c'è amore, non ci sono nemmeno Io.

Scruto nascosta l'alternarsi degli eventi,
cosciente, da un piccolo scoglio inerme
sul quale non va a naufragare più
nemmeno il mio respiro.

Mi sfrego il viso, mi strappo i capelli
resto attonita
inetta di fronte alla corsa verso prigione immaginaria
laddove noi mortali abbiam rinchiuso il mondo.

Non si può confinare il mondo tra le sbarre
potrebbe ribellarsi togliendo agli uomini ogni ostentazione.

I tratti del tempo

Le informazioni si deteriorano
non controllo né disegno espressioni
eppure c'è serenità mia mente.

Tra i tratti del tempo spezzati
nelle cui pieghe non mi costerno
non c'è evento che mi scalfisca.

Forse è apparenza, fingo?
Forse è solo rassegnazione
sento il rumore cadenzato dei rintocchi del tempo.

Metamorfosi

Mi ripresento senza veli
a distanza di anni
per colorire questo foglio bianco
con una forma di amore
che tutto rende meravigliosamente inatteso.

Il mio corpo, la mia mente,
una parte del mio cuore
proiettati verso l'inconscio desiderio
di una metamorfosi agognata,
e non si frena il tempo
non si frena il battito del cuore
non si chiede all'amore.

Mi ripresento per ricercare
nell'improvvisa metamorfosi
la mia certa sostanza
nel prezioso attimo che mi è concesso.

Equilibrio

Un brivido mi attraversa
un soffio leggero
di vento ultraterreno.

Non si vede bagliore
né si ode canzone
assenza di parole.

I miei guardiani dormono
la mia fortezza danza
un punto di mezzo è raggiunto
e assuefatta
al di là di me stessa vivo.

Musa

Di un fiume sono la roccia emergente
di un albero i forti rami tortuosi
degli oceani gli abissi più profondi
d'un cielo l'immenso del blu assoluto
della luna il riflesso lucente,
dell'universo un essere umano.
Sono Io la mia poesia.

Notte di San Giovanni

La luna mi sussurra
segretamente dell'amore
del bene e del male
tanto da intimidire la natura intera
rinvigorita irrefrenabilmente al suo brillare.

Notte delle fate
della rinascita purificatrice
tutto è concesso
forze ancestrali si fondono
nel lago rugiada di lacrime.

Magie impossibili,
pianeti che all'unisono
caricano d'ogni virtù l'universo
ed ogni essere vivente
ha possibilità infinite.

Anima eterna

Nell'immediato stupore
all'approssimarsi della sera
l'anima mortale torna a vibrare
prende forma riflessa nei tuoi guardiani
e come una libellula sicura
sorvola il letto ghiacciato del fiume
che porta al tuo cuore
Amore mio
mia essenza
anima eterna.

Essenza di un'anima

La tua essenza torna a sfiorarmi
col sopravvenire del crepuscolo
radicata in me, riaffiora prepotentemente
ne ho quasi timore.

Cosa ne sarà del mio segreto?
La tua pelle era la mia pelle
il tuo profumo era il mio profumo
le nostre labbra danzavano la musica della fisicità.

Cuore non chiedeva al cuore
persi in travolgenti sensazioni
folgorati alla velocità di un fulmine
con ugual stupore e medesime paure.

Racchiusa in un vortice di emozioni aspetto
aspetto che l'incantesimo finisca.

Solo nebbia

Solo nebbia rarefatta
solo affanno nelle fessure
sento il fallimento.

Il tempo dilegua rapido su di me
come le enormi gocce di pioggia di un temporale estivo.
Non respiro, l'aria si fa amara.

Il tempo avrebbe potuto darmi ragione
levigare le pietre
saturare le ferite.

Il tempo un tempo era il nulla,
ora non si può fermare.
Restano solo esitazioni e forse la voglia di tornare indietro.

Letti di ghiaccio

Tra mille volti evanescenti
appare, scompare e riappare unico e solo il tuo.
Inutile provare a sciogliere incantesimi
nelle cui reti la mia anima
spontaneamente s'imprigiona.
Il trascorrere delle stagioni
non ha fermato il turbine emozionale
che ha stravolto la mia esistenza.
Come avvicinarmi a te?
Una quinta parete ci divide
barriera creata per timore
di dolore atavico indelebile per l'eternità.
Vorresti abbandonarti al vento
trascinato nelle vicinanze di chi
possa farti riscoprire l'amore.
Cosa ti trattiene?
Violenta dovrà scorrere l'acqua su letti di ghiaccio
prima di frantumare in una miriade di schegge
la corazza invincibile che soffoca il tuo cuore?
Vorrei saperlo anch'io
vorrei che il tempo mi desse ragione
ripagandomi di tanta e tanta meravigliosa sofferenza.
Sono pronta e tu?

Sofferenza

Brucia, brucia, brucia
ogni piccolo ritaglio di pelle
di un corpo vissuto.

Arde in ogni anima
dalla prima delle albe all'ultima
non risparmia nessuno.

Attecchisce, s'insinua dentro la carne
poco o poco anche nella mente
spegne lo sguardo portando al suicidio dell'anima.

Inevitabilmente ci accompagna e
seppur difficile da elaborare
farà sempre parte di noi.

Unicità dell'emozione

Forte era il desiderio di rivivere quell'emozione
che avrei fermato il mio respiro anche con gesti estremi.

Fallire e poi desiderare lo stesso
ancora ardentemente pur sapendo di non farcela.

Le speranze s'infrangono contro i muri dell'indifferenza
inavvertitamente contraddittorie nell'innato sentimento dell'amore.

Inutile cercare di restituire al cuore un turbamento
trattenere un'eccitazione irripetibile.

Unica è l'emozione che lascia un segno sublimato
non potrà mai accadere che si risvegli quel palpito speciale.

Abbaglio

Sogno che tu invadi il cuore della notte
quando il nostro corpo, scende velato nel sonno.

Battito rallentato, arti quasi immobili,
nebbia sottile,
ed è il tuo ingresso.

Sei il condottiero di un mondo sconosciuto alla ragione
intreccio labirintico di sublimi emozioni irrazionali.

Trascini nell'incoscienza,
manipoli le uniche certezze travestite da falsi dubbi
dove traspare la realtà di ciò che bramiamo urlanti.

Purtroppo i sogni si sgretolano
svanendo nell'attimo stesso in cui le nostre palpebre si sollevano e
ricompare il vero.

Amore

Avvolgere il cuore di desiderio…
La tua anima stretta dal fuoco dell'aspirazione
vuole immortalare il momento dell'amore.

Nelle vene scorre il sangue
negli occhi si accende il sogno
e si vola nell'universo senza meta
in un limbo di piacere eterno
ove non si alterna la luce al buio
in sottofondo cori di anime travolte dal rimpianto.

Non si spegne l'ardore, la sete, non trascorre il tempo
solo due anime, solo due corpi
sola passione…
Nell'immenso il sentimento si placa
la voglia appiattisce, i corpi ingialliscono.

Allora dov'è il vero amore? Quand'è il vero amore?
Quando dalla burrasca le acque tornano alla quiete
e il fuoco si fa cenere
allora è amore.
Quando due anime non scintillano più come saette
e l'eccitazione diventa consuetudine
allora è amore.
Quando tutto è spento e gli occhi vedono attraverso le tenebre
allora è amore.
Quando viaggi, esplori l'universo
e non esistono più emozioni di carne
allora è amore.
Quando non si cerca di cambiare i respiri e si accettano per come sono
allora è amore.
Allora è amore.

Puoi sentire l'amore

Tu puoi sentire l'amore
affabuli le persone
il livello empatico è alto
davvero intenso
a volte è una benedizione
altre maledizione.
Devozione, fiducia, onestà
è l'unico modo per amare
non sempre le persone sono degne di te.
Questa sera ascoltami – a me interessa –
la notte non sarà più la stessa
la via non sarà più la stessa
tu puoi sentire l'amore!
Quando qualcuno t'importa offri tutto di te fino a morire
ti aspetti la stessa cosa dall'altra parte
non è sempre così.
Gli ultimi anni sono non stati facili per te
lavori duro e con lena
Qualcosa ti frena – non ti apprezzano e non ti meritano –
tu puoi sentire l'amore – a me importa di te, non smettere –
tu puoi sentire l'amore.

Angelo

Pensavo che gli angeli fossero evanescenti
pensavo avessero ali e
fossero tutti biondi
questo pensavo e
poi ho conosciuto te
in una notte ammaliatrice
e amplificatrice di timide pulsioni
che attraversano le carni
e con occhi socchiusi
mi rispecchio nei tuoi.
Apparentemente nell'ozio
mento spudoratamente
internamente i sensi sfuriano
una mezza luna rossa fa da cornice
racchiude il mio Io
in un sortilegio remoto
stregata dalle essenze
calo nel mio giaciglio
tra le braccia di Morfeo.
Quello che si può capire con il silenzio degli occhi
nessuna cosa detta o scritta
potrebbe mai sostituire
un'interpretazione più autentica.
Infinite le risposte
affascinante il risultato.

Il miracolo della vita

Piccolo esserino nato dall'amore
abitavi in una sfera colma di un'acqua speciale
che ti ha scaldato, nutrito e coccolato per mesi.

Coloro che ti hanno sognato, desiderato e procreato
ignoravano fino a che punto poteva essere meravigliosa quest'impresa
e quali fantastiche avventure riservano i giorni di qui in avanti.

Il miracolo della vita si è avverato e sei diventato realtà
piccola creatura con il tuo primo gemito
hai reso un uomo e una donna perpetuatori dell'eternità.

Dolce ricordo

Dolce ricordo soave ritorni
accompagnato da angeli bianchi.
Felice rimembri richiami lontani
alla memoria sepolti rimpianti.
Aiutano a vivere i dolci ricordi?
Riaffiorano solo nostri desideri trasformati
ci allietano lievi evocazioni
reminiscenze di grevi oblii
dolce ricordo l'indimenticabile rammenti.

Nonna

Calde mani avvolgono un viso
mascherato dal pianto.
Nonna sei tu!

Dolce donna dal sorriso grazioso,
maestra dell'amore
questo sei tu.

Hai asciugato le mie lacrime alleviando i miei dolori
hai riso e scherzato con me
hai tenuto il broncio alle mie moine.

Hai riempito con gioia e amore
venti anni della mia vita
come la mia "prima madre".

Il Signore ti ha ricondotta a Sé
sei tra i fiori più rari
custoditi nel Suo prezioso giardino.

Io non dimenticherò mai il calore solare delle tue mani.
Oh Nonna!
Sento sempre le tue carezze.

Ernesto

La finestra che dava sul prato era la tua preferita
rimaneva sempre socchiusa
dando modo ai raggi del sole
di penetrare all'interno
dove tutti i pomeriggi
te ne stavi al tavolo col mazzo carte di napoletane
giocando un solitario.

Aspettavi sempre noi due per chiudere la partita
così avviavi anche la tua passeggiata
sotto la vite di uva bianca che portava
a quell'orto grande terminante
con la piccola stalla vuota
attorniata dal lino delle fate e dalla malva selvatica.

Poi arrivava quell'arietta mista alla brezza
con l'odore trasportato dal fiume
così mettevi il pullover beige sopra le spalle
ti voltavi a braccia incrociate dietro la schiena
alzavi lo sguardo con il tuo cappello verde preferito
per ammirare il Gran Sasso
e rispetto al movimento del cielo
ci dicevi cosa avrebbe portato in serbo la sera
Nonno.

La Tela

Dipingo un quadro,
dove sospiri sono le tue note
e la tela riosserva
i miei pennelli che non hanno bisogno di pupille
i coloro si tingono del profumo della tua carne.

Del corpo nulla rimane
dell'anima l'eterno è impresso.

Un sapore antico
torna a saziare la mia fame
la mia bocca bramosa l'aspettava.

Il mio corpo cresciuto ridiventa piccino,
gli occhi spalancati lacrimano increduli
non battono ciglio.

Pelle, dal chiarore lunare
rude come l'asfalto
si tramuta.

Tanta scorre la vita nelle vene.
Antico sapore ti aspettavo!
Né il marmo, né il cemento, ti han fermato.

Lungo il borgo

In quella strada ti rincontro
tutte le volte
in ogni direzione

passo lento ed elegante
le mani in tasca nei pantaloni di velluto color caffè
sguardo curioso e sorridente da bambino.

Riaffiorano i ricordi di quelle giornate soleggiate
chiacchierando allungati sulla panchina
persi nel campo verde e profumato zeppo di margherite e viole.

Bastava tenersi per mano
riflettere occhi negli occhi e
si sfamava l'anima, s'agitava il cuore.

Lungo quel borgo
alle porte dell'equinozio di primavera
ti rivedo mio tenero amore.

Quel dì maledetto

Gelida era l'aria quella sera
assente d'ogni stella
taceva anche la terra
zittiva quel dì pure l'allodola.

Oh giorno maledetto
da un sogno funesto fosti predetto
e arrivasti sì cruento e repentino.
Mah, che tragico capriccio del destino.

Disegnato crudelmente della morte
che è sempre e comunque la più forte
infame fato arrivasti con violenza,
lasciandomi per sempre del mio amato senza.

Amore mio nulla salvarti poté
io restai senza spiegazione alcuna ahimè!
Che sentimento innocente la nostra contrastata unione
fatta di sola e pura tenerezza e tanta tanta forte passione!

Basta ora il più piccolo ricordo di quell'amor proibito
che il mio cuore rievoca sanguinante
come squarciato da una lama tagliente
e finché le nostre anime non si ricongiungeranno non cesserà davvero
il mio pianto…

Ira

Una benda indossavo
i miei occhi non vedevano e
nulla rispondeva a verità
i miei gesti non controllati
inorridivano il mio Io
e l'ira prendeva il sopravvento.

L'ira funesta che attanaglia l'uomo
serrato tiene il cuore
imbrigliandolo nella più feroce delle morse
sì che la pietà non sopravvenga e
veloce s'impadronisce della ragione
non accettando temporeggiamenti
fatale com'è.

Lo sterminio provoca
e la parte bestiale dell'uomo
non controllata, prevarica
e va annientando tutto quanto intorno.

La Maddalena

Se congiungo gli occhi
c'è una donna che piange
se distendo gli occhi
c'è una donna che ride
se mi giro invece
il suo viso perde forma, colore,
non si muove apparentemente.
Disarmante, avvolta da un manto nero
lascia ribelli i suoi riccioli dorati
effonde luce solare
profuma d'incenso e
con lacrime rosse
risaltano spine di rovo nel suo grembo.

Rive

Nuove rive per continenti antichi
nuove acque verso oceani alla deriva
nuovi ingegni di grigi congegni.
Futuro?!
Tese le dita a selezionar frutti
nuovi ponti a confermar frontiere
albeggia il sole inesorabile e
si scorge l'ultima delle rive.

Mare

Adagiata lievemente sulla riva
resto in silenzio
lasciandomi accarezzare il volto
dalla brezza delle tue onde
che arrivano quasi minacciose
infrangendosi invece dolcemente
lasciando solo piccoli cristalli luminosi.
Oh mare immenso fai perdere lo sguardo
all'interminabile.
Infinito quasi irreale fai illudere
con il tuo profondo caldo blu
come non sognare nell'indaco gelido
finisce anche il mare
nel momento che si approda
su un'altra spiaggia.

La fanciulla svezzata

Battiti dorati svezzano la fanciulla
blocchi e licheni difendono la conchiglia
indolente movimento
spiegata trepidazione e
orientato verso un timido letargo il sole.
Esplode la pioggia di destini a sanar l'introspezione
lenta e prudente la barca approda a riva
altro incanto, altro ingorgo,
altra dama, altra luce,
un solo specchio e un riflesso
la fanciulla svezzata.

Silenzi

Non riesco a parlare, perché?
Non riesco nemmeno a capirne il perché.
Il mio modo d'essere è sempre apparso incompreso
tutti intorno a me lo confermavano
dagli affetti cari ai più perfetti estranei
per il mio vivere talvolta nell'assenza di rumori.

Quando ero piccina
passavo intere giornate silente e assorta
custodita dai miei spiriti – come diceva mia madre –
e nessuno si curava di chiedermi cosa avessi.
Adesso è diverso nel mio cuore non sono più sola
c'è l'amore, un amore che non riesco a gestire.

Crescere in fretta, trascurando molte tappe mi ha forgiata.
Sono certa dei miei umani limiti
consapevole delle mie forti debolezze
seppur ferma delle mie radicate convinzioni
sicura dei miei sentimenti seppur contrastanti.
Tutto ciò non basta per convivere con un amore che non sia fraterno.

Vorrei gridare, forse vorrei soltanto aprire la mia testa
e farti entrare, amore, così vedresti con i tuoi stessi occhi
il mio problema che persiste nel presente
va ricercato in un passato sofferto,
un'accidentale mancanza d'affetto,
vissuta ancora oggi sottopelle.

Lontana dal paese mio e dagli affetti cari
traspare struggente malinconia,
l'avverto e faccio dura la corazza,
lascio andare il passato,
così potrò indossare ali di farfalla

e volare con te.

Indice